O Mundo da Música

© 2013 do texto por Nereide Schilaro Santa Rosa
© 2013 das ilustrações por Thiago Lopes

Todos os direitos reservados.
Callis Editora Ltda.
1ª edição, 2013

Direção editorial: Miriam Gabbai
Revisão: Ricardo N. Barreiros
Projeto gráfico e diagramação: Estúdio Kiwi
Pesquisa iconográfica: Daniel Andrade
Regência e produção musical: Hugo Ksenhuk

CIP-BRASIL. CATALOGAÇÃO NA PUBLICAÇÃO
SINDICATO NACIONAL DOS EDITORES DE LIVROS, RJ

S695m

Santa Rosa, Nereide Schilaro, 1953-
    O mundo da música, volume 1 : iniciação musical / Nereide Schilaro
Santa Rosa; ilustração Thiago Lopes. - 1. ed. - São Paulo : Callis Ed., 2013.
    40 p. : il. ; 28 cm.   (O mundo da música ; 1)

Acompanhado de CD
ISBN 978-85-7416-870-8

    1. Música - Instrução e estudo - Literatura infantojuvenil.
I. Lopes, Thiago. II. Título. III. Série.

13-00832

CDD: 780.7
CDU: 78(07)

08/05/2013   08/05/2013

Impresso no Brasil

2013
Callis Editora Ltda.
Rua Oscar Freire, 379, 6º andar • 01426-001 • São Paulo • SP
Tel.: 11 3068-5600 • Fax: 11 3088-3133
www.callis.com.br • vendas@callis.com.br

Nereide Schilaro Santa Rosa

O Mundo da Música

Ilustrações de Thiago Lopes

Volume 1 - Iniciação musical

callis

VAMOS ESCUTAR O MUNDO DOS SONS

Feche os olhos.
"Abra" os ouvidos.
Escute todos os sons ao seu redor.
Isso o ajudará a entender
como é o mundo da música.

Ao prestar atenção nos sons,
você vai perceber que alguns
estão bem l o o o o n g e.
Outros estão bem pertinho.
Uns são **fortes** e outros são fracos.
Alguns são agradáveis...
e outros são iRritAnTeS.

Afinal, o mundo dos sons é cheio
de novidades, brincadeiras,
descobertas e invenções.

Quanto mais você apreciar
sons de qualidade, mais
cedo você se tornará um
apreciador da boa música.

Vamos conversar sobre os
sons que estão por aí.
Mas, lembre-se, para
escutarmos um som, é
necessário que ele exista.

O NASCIMENTO DO SOM

O som nasce de um objeto que vibra, isto é, que se movimenta.
Quando não há movimento, não há som.
Há o silêncio.

A vibração do objeto se propaga pelo ar como ondas invisíveis.
Quando não há ar, não há som.
Há o silêncio.

Nós podemos ouvir os sons e perceber o silêncio.

O silêncio é muito importante, pois ele permite que escutemos os sons com clareza.

Devemos ouvir os sons em nosso pensamento.
Devemos imaginar os sons e as canções.

A vibração de um objeto sonoro também pode viajar pela água.
Dentro do mar, por exemplo, o som viaja muito mais rápido do que pelo ar.

As ondas invisíveis do som são chamadas ondas sonoras e elas chegam aos nossos ouvidos e, consequentemente, ao nosso cérebro.

Quando isso acontece, descobrimos o tipo de som, a sua localização, a sua origem etc.

BRINCADEIRA SONORA

Junto com seus colegas, escolha uma canção bem conhecida. Cantem o primeiro verso da canção. No verso seguinte, continuem cantando, mas só em pensamento. No próximo, alternem som e silêncio. E no final, cantem juntos novamente.

Por exemplo:

O meu chapéu tem três pontas (som)
Tem três pontas o meu chapéu (silêncio)
Se não tivesse (som) três pontas (silêncio)
Não seria o meu chapéu (som)

AS "PAISAGENS SONORAS"

O mundo ao nosso redor é sonoro. Os sons podem ser produzidos pelo corpo humano, por animais ou por objetos inanimados diversos.

O conjunto de objetos sonoros forma uma paisagem sonora composta de diferentes sons.

Por exemplo, todos os dias, ao acordarmos, nós escutamos muitos sons em nossa casa.

Todos os sons que você escuta ao acordar de manhã formam a paisagem sonora de sua casa.

Muitos desses sons você ouve, mas não percebe. Eles estão ao nosso redor e nem prestamos muita atenção neles.

- A voz de sua mãe
- O cachorro latindo
- O relógio badalando
- O rádio tocando

Escute a paisagem sonora de sua casa.

Se possível, grave os sons e escute-os novamente.

Fora de sua casa, existem muitas paisagens sonoras. Imagine este passeio legal:

Você está em uma praia descansando sob um guarda-sol! Quantos sons você pode ouvir na praia, tão perto do mar?

- As ondas que vão e vêm
- Os pássaros
- As pessoas conversando
- O vento
- A chuva

BRINCADEIRA SONORA

Com giz de cera, desenhe a paisagem sonora de sua casa em uma folha de papel em branco.

Agora vamos imaginar a paisagem sonora no campo, no meio de uma fazenda. Escutamos os sons que os animais usam para se comunicar entre si.

- Mugido
- Piado
- Cacarejo
- Gorjeio
- Coaxar

A paisagem sonora de uma cidade é bem diferente do campo e da praia.

- Buzina
- Sirene
- Avião
- Metrô
- Britadeira

COCOROCÓ

MUUUUU

Nas cidades, também existem paisagens sonoras agradáveis. Nós podemos encontrá-las numa praça, numa sala de concerto, dentro de uma igreja ou um templo, nas festas, na sala de cinema.

Procure e escute uma paisagem sonora agradável na sua cidade.

As paisagens sonoras inspiram os compositores, os quais compõem as suas obras musicais.

Por exemplo, Heitor Villa-Lobos, quando era criança, gostava de escutar o barulho e o apito do trem. Ele gostava tanto de imitar o apito do trem que tinha o apelido de Tuhu!

Anos mais tarde, Heitor Villa-Lobos compôs a obra "O trenzinho do caipira", cuja melodia lembra a passagem de um trem.

BRINCADEIRA SONORA

Vamos passear pela sua escola. Escute a paisagem sonora ao redor de sua sala de aula.

CURIOSIDADES SONORAS

A maioria dos sons que ouvimos nas cidades são ruídos e barulhos desagradáveis que fazem mal aos nossos ouvidos. Ainda bem que existem leis que protegem os cidadãos e controlam o nível dos ruídos à nossa volta.

Maestro Heitor Villa-Lobos.

🎵 1 - Trecho de "O trenzinho do caipira"

SONS VOCAIS

Os sons podem ser produzidos por diferentes fontes: o corpo humano, os animais, os objetos...

Descubra os sons que podem sair de dentro de seu corpo.

Em dupla, escute seu colega:

- Assobios
- Roncos
- Espirros
- Tosses
- Bocejos
- Respirações
- Batimentos do coração

Você se lembra de mais algum? Ah... claro! A nossa VOZ!!! Podemos produzir muitos sons com a nossa voz. Esses sons são chamados de sons vocais.

Em dupla, escute seu colega:

- Falas
- Cantos
- Cochichos
- Gritos
- Imitação de vozes
- Imitação de vozes de animais

BRINCADEIRA SONORA

Com giz de cera colorido, escreva em uma folha de papel o seu nome com letras bem coloridas. Em seguida, cante o seu nome com força, depois cante bem baixinho. Escute o nome cantado dos seus colegas.

14 • O mundo da música

SONS NÃO VOCAIS

Produzimos sons com outras partes do nosso corpo e com objetos. Esses sons são chamados sons não vocais.

Em dupla, escute seu colega:

- Bater palmas
- Bater os pés
- Bater em objetos
- Bater na bochecha
- Estalar a língua
- Esfregar as mãos

Descubra sons com seu corpo.

BRINCADEIRA SONORA

Faça a caminhada silenciosa dos indígenas. Ande por toda a sala ou pátio da sua escola em total silêncio e ouça os próprios passos no chão. Se possível, faça a mesma coisa em diferentes tipos de chão: terra, grama, areia, pedra etc.

Volume 1 - Iniciação musical

OS SONS DOS ANIMAIS

Os animais se comunicam por meio de sons. Alguns são apenas ruídos, como a voz do elefante, por exemplo. Outros animais conseguem produzir lindas melodias, como os pássaros.

Os sons dos animais sempre cativaram os seres humanos. Os homens primitivos que moravam em cavernas escutavam os sons dos animais e os imitavam. Foi assim que o Homem começou a organizar a fala.

BRINCADEIRA SONORA

Escolha alguns animais e imite seus movimentos e sons. Os seus colegas têm que adivinhar os nomes dos animais que você imitou.

CURIOSIDADES SONORAS

O canto da baleia jubarte pode ser ouvido ao longe, dentro do oceano, e pode durar até 20 minutos!

Os elefantes soltam o ar pela tromba para produzir os seus sons.

Os sapos machos gostam de cantar para atrair as fêmeas. Eles inflam o pescoço para ter bastante ar e vibrar melhor as suas cordas vocais.

OS SONS DOS OBJETOS

Os objetos podem ser sonoros, isto é, podem produzir sons. A qualidade do som de um objeto depende do material de que ele é feito, do seu peso e do seu tamanho.

Selecione alguns objetos em sua casa e experimente produzir sons de diferentes maneiras. Escute o resultado com atenção e compare os sons.

BRINCADEIRA SONORA

A orquestra dos indígenas
Um dos instrumentos preferidos dos indígenas é a maraca, que é uma espécie de chocalho feito com cabaças.

Os sons das maracas são diferentes de acordo com o material usado em seu interior.

🎵 2 - Chocalhos

Materiais: 1 latinha de refrigerante, pedrinhas e fita adesiva.

Como fazer:
1. Lave a latinha de refrigerante.
2. Pelo furo, coloque muitas pedrinhas pequenas, até preencher cerca de 1/3 da latinha. Experimente fazer várias maracas com latinhas e copinhos de iogurte, use materiais diferentes no interior do instrumento, como grãos de milho, feijão, arroz, lentilha, pedrinhas, sementes..., e escute os tipos de sons.
3. Tape o furo com a fita adesiva.

Como tocar:
Balance o chocalho no ritmo da música.

Volume 1 - Iniciação musical • 17

OS INSTRUMENTOS MUSICAIS

Os instrumentos musicais são objetos sonoros construídos
para produzir sons agradáveis aos nossos ouvidos.
Eles foram inventados para imitar a voz humana e para produzir músicas.

Escute a gravação com atenção e perceba os sons dos instrumentos
da bandinha, do violão e do canto.

🎵 3 - "A loja do Mestre André"

Loja do Mestre André

Foi na loja do Mestre André
Que eu comprei um tamborzinho
Tum, tum, tum, um tamborzinho

Ai olá, ai olé
Foi na loja do Mestre André
Ai olá, ai olé
Foi na loja do Mestre André

Foi na loja do Mestre André
Que eu comprei um triângulo
Tlim, tlim, tlim, um triângulo
Tum, tum, tum, um tamborzinho
Tim, tim, tim, um triângulo

Ai olá, ai olé
Foi na loja do Mestre André
Ai olá, ai olé
Foi na loja do Mestre André

Foi na loja do Mestre André
Que eu comprei um chocalho
Chiribiri bi, um chocalho
Tum, tum, tum, um tamborzinho
Tlim, tlim, tlim, um triângulo
Chiribiri bi, um chocalho

Ai olá, ai olé
Foi na loja do Mestre André
Ai olá, ai olé
Foi na loja do Mestre André

Foi na loja do Mestre André
Que eu comprei um reco-reco
Reque, reque, um reco-reco
Tum, tum, tum, um tamborzinho
Tlim, tlim, tlim, um triângulo
Chiribiri bi, um chocalho
Reque, reque, um reco-reco

Ai olá, ai olé
Foi na loja do Mestre André
Ai olá, ai olé
Foi na loja do Mestre André

VAMOS RECONHECER OS SONS

Até agora você escutou muitos sons. Já sabe que o som nasce do movimento de algum elemento, ao qual damos o nome de fonte sonora e que pode ser: uma pessoa, um animal, um objeto...

Vamos aprender a identificar a fonte sonora. Para identificar um som, nós precisamos conhecê-lo. Por isso é muito importante escutar muitos sons para depois identificá-los e apreciá-los.

Após escutar um som, podemos dizer se ele é agradável ou não aos nossos ouvidos. Assim vamos formando nossa apreciação musical.

BRINCADEIRA SONORA

Escute a paisagem sonora de sua casa e identifique os sons, por exemplo: água jorrando da torneira, panela cozinhando, campainha da porta, televisão ligada, cachorro latindo... Pense se essa paisagem sonora é agradável ou não ao seu ouvido e por quê?

20 • O mundo da música

BRINCADEIRA SONORA

VOZ

Faça uma roda onde todos fiquem de costas para o centro. A um sinal, um colega irá ao centro da roda e falará o nome de outro colega. Este, ao ouvi-lo, deverá identificar quem o chama. Se adivinhar, trocará de lugar com ele. Se não adivinhar, pagará uma prenda: cantar o nome do colega que não identificou.

BRINCADEIRA SONORA

OBJETOS

Junto com seu grupo de trabalho, reúna os seguintes materiais: pedras de diferentes tamanhos, um balde de alumínio, um balde de plástico e uma colher de pau. Encha os baldes com água até a metade. Escute os sons:

1. Ao bater as pedras umas contra as outras;
2. Ao jogar as pedras no balde de alumínio e mexer com a colher de pau;
3. Ao jogar as pedras no balde de plástico e mexer com a colher de pau;
4. Ao bater a colher de pau na lateral de cada balde;
5. Ao jogar as pedras nos baldes sem água.

Em seguida, um colega de cada vez terá os olhos vendados e deverá adivinhar o som que o grupo fará novamente com os materiais.

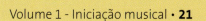

A COR DO SOM

Os músicos dizem que cada som musical tem uma cor. Como se ele tivesse uma impressão digital que o identificasse.

A cor do som permite que percebamos que o som de uma flauta é diferente do de uma clarineta, que a voz de seu amigo é diferente da voz da professora, e assim por diante. Os músicos imaginam a cor de um som musical ao ouvi-lo.

Agora é a sua vez. Imagine uma cor para cada som que você ouvir nesta gravação.

🎵 4 - A cor do som – sensibilização

- Sino
- Violino
- Flauta transversal
- Violoncelo
- Oboé
- Canto lírico
- Pratos
- Tímpano
- Tuba

22 • O mundo da música

CURIOSIDADES SONORAS

Cada passarinho tem sua maneira de cantar. Os pássaros se reconhecem pelos seus cantos, assim como você reconhece a voz de seu amigo.

BRINCADEIRA SONORA

Escute os sons dos instrumentos musicais na gravação. Imagine a cor do som de cada um deles. Com giz de cera colorido, sobre uma folha de papel, desenhe o instrumento musical que você mais gostou de ouvir na cor que você imaginou.

BRINCADEIRA SONORA

💿 5 - "Nossa banda"

Recorte cartões coloridos com os nomes dos instrumentos da música abaixo.

Aprenda a cantar esta canção e ouça os instrumentos da bandinha:

Nossa Banda
Tocando a bandinha, eu vou me animando – bis (canto)
Toco o pandeiro, toco o tambor
Na nossa bandinha, toco com amor
Toco o chocalho, toco o coquinho
Na nossa bandinha, toco bem baixinho
Toco o reco-reco, toco a castanhola
A nossa bandinha vai tocar agora
tralalalalala lalalalala – (todos os instrumentos)

Agora é a sua vez: cante sem falar o nome do instrumento. Em vez disso, mostre o cartão colorido.

RODA CANTADA

Cantar e dançar
💿 6 - "Quadrilha mirim"

Quadrilha mirim
Formação: roda em pares

Tra la la la, tra la la la
(canta e toca o chocalho no lugar,
depois coloca o chocalho no chão em
posição que não atrapalhe a dança)
Bem ligeirinho, pegue o seu par
(dá o braço ao par e avança ao centro)
Que a quadrilha já vai começar
(abre a roda aos pares)

Marque de leve com muito jeito
Ora o esquerdo, depois o direito
(no lugar, marca o ritmo com os
pés de acordo com a letra)

Muita atenção pra não errar
Cada pezinho tem o seu lugar
(os pares giram e se cumprimentam)

(pega o chocalho novamente
para terminar)
Tra la la la, tra la la la
(canta, toca o chocalho e os pares
saem da roda dando "tchau")

24 • O mundo da música

VAMOS LOCALIZAR OS SONS

Você já conhece algumas fontes sonoras. Agora vamos prestar atenção e descobrir onde elas estão.

Localizar um som é um processo interessante, pois envolve os dois ouvidos. Lembre-se que eles estão separados! Por isso, uma onda sonora chega primeiro a um ouvido, aquele que está mais próximo da fonte sonora, e depois chega ao outro, que está mais afastado.

O cérebro percebe essa diferença de tempo e nos informa de onde o som se originou. Outra informação importante para o cérebro localizar um som é a sua intensidade, isto é, se ele é forte ou fraco. Geralmente consideramos que um som é forte porque está mais perto e um som é fraco porque está lá longe. Mas nem sempre é assim. Podemos ouvir um som forte lá longe, como um trovão, e um fraco bem pertinho, como um sussurro ou o miado de um gatinho. O cérebro aprende a considerar tudo isso para analisar o som, o que acontece muito rápido, sem a gente perceber.

CURIOSIDADES SONORAS

As pessoas deficientes visuais desenvolvem com eficiência a habilidade de localizar sons. Isso as auxilia em diversas atividades do dia, como atravessar a rua, conversar com pessoas, atender telefone etc.

Volume 1 - Iniciação musical • 25

RODA CANTADA

💿 7 - "Tão longe"

Tão Longe

Tão longe está o céu
Perto de mim você está
Como perto não é longe
Então meu bem venha cá

Refrão
Vem cá, vem cá
Meu bem, venha cá

Tão longe eu posso ver
Mas não posso tocar
Você aqui bem perto
A mão pode me dar

Refrão
Vem cá, vem cá
Meu bem, venha cá

Tão longe eu posso ver
E também posso escutar
Com atenção eu percebo
De onde vai chegar

Refrão
Vem cá, vem cá
Meu bem, venha cá

Esse canto está lá fora
Está longe de mim
Eu prefiro um som perto
Bem pertinho de mim

Refrão
Vem cá, vem cá
Meu bem, venha cá

26 • O mundo da música

CURIOSIDADES SONORAS

Eco

O eco é um fenômeno que acontece quando as ondas sonoras batem em algum lugar e voltam para a fonte sonora. Mas isso só é percebido pelo nosso ouvido se ocorrer em um espaço amplo o suficiente para que dê tempo de a onda bater e voltar. Alguns animais utilizam o eco como recurso para "enxergar" objetos, como, por exemplo, os morcegos, os golfinhos e as baleias.

BRINCADEIRA SONORA

Escute, identifique e localize os sons dos meios de transporte.

- Turbina de avião
- Motor de ônibus
- Breque de carro
- Buzina de bicicleta
- Ronco de motocicleta
- Apito de trem
- Apito de navio
- Foguete
- Patas de cavalo

Imite todos os sons que você identificou, um de cada vez. Escolha um dos sons identificados para conversar com seus colegas usando esse som.

BRINCADEIRA SONORA

Feche os olhos, escute os sons ao seu redor, identifique-os e localize-os, isto é, descubra se estão dentro da escola, da sala de aula, longe ou perto de você.

BRINCADEIRA SONORA

Cada grupo de trabalho cantará um verso da canção:

 8 - "Primavera"

Primavera

Oh que dia tão feliz   (grupos 1 e 2)
Tra la la la la la la   (grupos 3 e 4)
É a primavera   (grupos 1 e 3)
Todo mundo diz   (grupos 2 e 4)
Oh que dia tão feliz   (todos)

Volume 1 - Iniciação musical • 27

A CÉLULA SONORA

Célula sonora é um conjunto de três ou quatro sons musicais. Esse conjunto de sons pode ter melodia ou pode ter ritmo.

Por exemplo:
Tra la la laaaaaaa.   (melodia)
Tu tururum tu tum   (batida de pé – ritmo)
A célula sonora pode se tornar o tema de uma música se o compositor resolver repeti-la durante a execução.

🔘 9 - Células sonoras famosas – sensibilização

Ouça alguns temas musicais que ficaram famosos em filmes, canções, melodias etc.

Contatos imediatos de primeiro grau

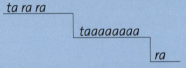

Mamãe eu quero

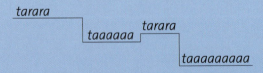

Beethoven

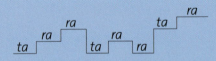

Cidade maravilhosa

Cielito lindo

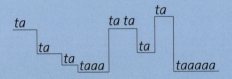

28 • O mundo da música

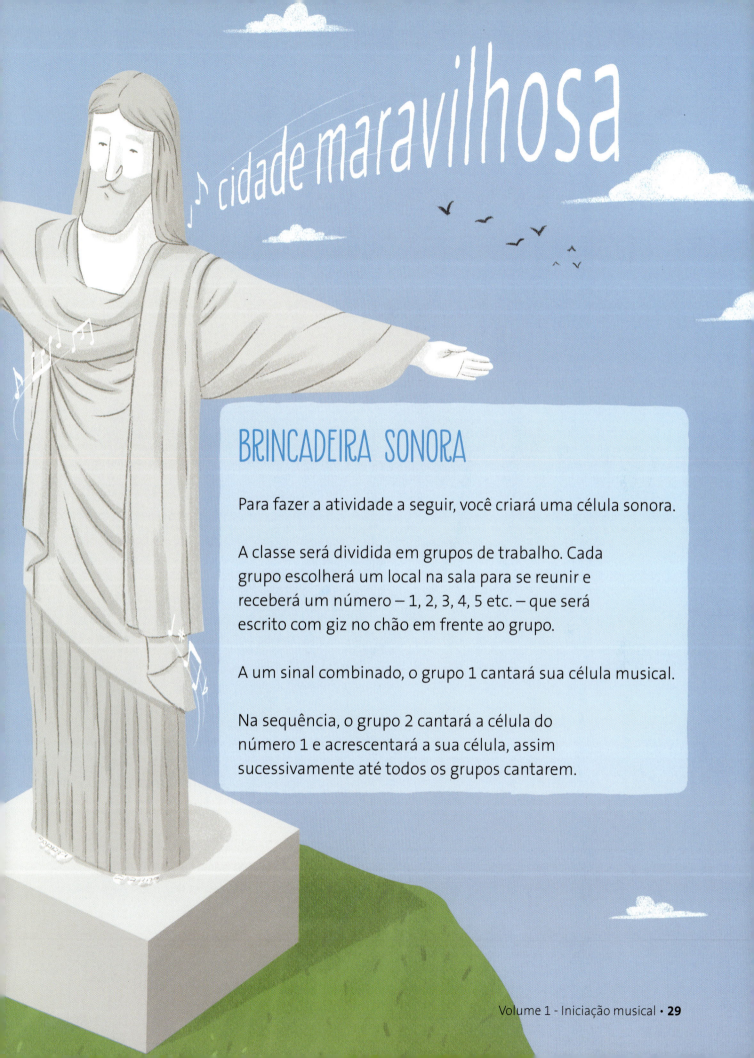

♪ cidade maravilhosa

BRINCADEIRA SONORA

Para fazer a atividade a seguir, você criará uma célula sonora.

A classe será dividida em grupos de trabalho. Cada grupo escolherá um local na sala para se reunir e receberá um número – 1, 2, 3, 4, 5 etc. – que será escrito com giz no chão em frente ao grupo.

A um sinal combinado, o grupo 1 cantará sua célula musical.

Na sequência, o grupo 2 cantará a célula do número 1 e acrescentará a sua célula, assim sucessivamente até todos os grupos cantarem.

Volume 1 - Iniciação musical • 29

VAMOS CRIAR SONS MUSICAIS

Os sons musicais são agradáveis ao nosso ouvido. Gostamos de ouvir canções e composições que nos deixam alegres, não é mesmo?

Você se lembra de alguma canção que te deixa feliz? Geralmente, gostamos de cantar, dançar e tocar porque fazer música é muito gostoso e divertido. Cante a sua canção preferida para a sua professora.

Os compositores são as pessoas que fazem as músicas. Eles organizam os sons musicais em sequência, um som após o outro, e formam uma melodia. Para fazer isso, eles podem utilizar a voz ou instrumentos musicais e, assim, compor melodias.

Para lembrar a melodia que criaram, eles escrevem as notas musicais, como as pessoas escrevem as palavras, ou então gravam a melodia com gravadores.

CURIOSIDADES SONORAS

Wolfgang Amadeus Mozart era um gênio musical. Com 5 anos de idade, criou sua primeira composição musical. Ele morreu com apenas 35 anos e escreveu mais de 600 obras musicais.

Ouça um trecho de uma peça de Mozart.
🎵 10 - Trecho de "Pequena serenata noturna"

30 • O mundo da música

VAMOS CRIAR O RITMO

Preste atenção nos batimentos de seu coração ou nos batimentos do coração de seu colega.
Ele faz tum, tum, tum, não é?

E o relógio, como faz?
Tique-taque, tique-taque...
Esses sons marcam o tempo que passa, passa e passa.

O tempo é marcado por uma sucessão de batidas que nós chamamos de pulsos.

Existem pulsos fortes, que nós chamamos de acentos.
Então o ritmo é marcado por pulsos e acentos.

BRINCADEIRA SONORA

TUM é o acento (som forte) e o ta é o pulso (som fraco).
Fale este ritmo:

TUM ta ta TUM ta ta
ta ta TUM ta ta ta TUM

Invente novas combinações de TUM e ta.

Os pulsos e acentos também podem ser longos ou curtos.
TUUUM (acento forte e longo), ta (pulso fraco e curto).
Fale estes ritmos:

TUUUUUM tatatatata
TUM tatata TUUUUUUM ta

Volume 1 - Iniciação musical • 31

Existem instrumentos musicais que só marcam os pulsos e acentos, por exemplo: o tambor, o triângulo, o pau de rumba, o coquinho, os chocalhos, os pratos, os pandeiros e outros. Eles são chamados de instrumentos rítmicos.

O tambor e o coquinho são instrumentos rítmicos, isto é, eles só marcam o ritmo, e o som que eles produzem está sempre no mesmo degrau. O som deles pode ser forte ou fraco de acordo com a força de quem toca, pode ser longo ou curto, mas não pode subir e descer, isto é, atingir graves e agudos.

32 • O mundo da música

BRINCADEIRA SONORA

Tocar
💿 11 - Tambor e coquinho

Você vai precisar de tambor e coquinho.

Para construir seu tambor, será necessário:
- 1 lata;
- 1 folha de plástico grosso;
- fita crepe.

Modo de fazer:
Enfeite a lateral da lata como quiser. Imprima um desenho de seu personagem preferido e cole. Coloque o plástico grosso cobrindo a abertura da lata, estique-o bem e prenda-o com a fita crepe.

Toque com uma colher ou pedaço de pau (use um *rashi* – talher de comida japonesa). Experimente também percutir na tampa da lata e compare os sons.

Para construir seu coquinho, você vai precisar de:
- 2 cascas de coco limpas;
- pincel e tinta guache.

Modo de fazer:
Com o pincel, decore as casca de coco. Depois é só bater uma na outra.

Célula sonora rítmica: conte 1-2, 1-2
Toque o seu tambor no número 1 e toque o coquinho nos números 1 e 2.

1	2	1	2	1	2	1	2	
tum		tum		tum		tum		*(tambor forte e longo)*
ta	ta	ta	ta	ta	ta	ta	ta	*(coquinho fraco e curto)*

Volume 1 - Iniciação musical • **33**

VAMOS CRIAR MELODIAS

A melodia é uma sequência de sons musicais.
A célula sonora é parte de uma melodia.

Na melodia, aparecem sons diversos tocados de diferentes modos: rápido, lento, forte, fraco, agudo, grave. Depende do gosto do compositor.

Célula sonora melódica: os sons sobem e descem quando cantamos ou tocamos.

BRINCADEIRA SONORA

Imagine uma melodia para estas duas células sonoras:

tra la la la e *tre le le le*.

Cante em seu pensamento e imagine uma cor para cada sílaba.

Veja a ilustração abaixo e cante a célula sonora da seguinte maneira: ao subir o degrau da escada, o som fica mais agudo e, ao descer, o som fica mais grave.

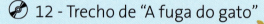

Cante a melodia junto com seus colegas. Cada sílaba que cantamos na célula sonora de uma melodia é uma nota musical.

CURIOSIDADE SONORA

O compositor italiano Domenico Scarlatti compôs uma peça musical que ficou conhecida como "A fuga do gato". Ele disse que foi seu gato que fez a melodia ao pisar nas teclas de seu cravo.
💿 12 - Trecho de "A fuga do gato"

34 • O mundo da música

O xilofone é um instrumento musical melódico, isto é, ao percutirmos suas teclas, podemos perceber que as notas sobem e descem, isto é, elas são graves ou agudas. Cada tecla é uma nota musical. Se tocarmos em sequência, criaremos uma melodia.

O xilofone é feito de madeira.
O metalofone é feito de metal.

BRINCADEIRA SONORA

💿 13 - Xilofone

Construa um instrumento melódico, semelhante ao xilofone, feito com garrafas de água.

Materiais
- 7 garrafas de vidro iguais;
- 1 varetinha;
- água;
- funil.

Se puder, construa um suporte para deixar as garrafas penduradas. Assim, o som fica mais bonito.

Modo de fazer
Com a ajuda do funil, coloque água na primeira garrafa quase até a boca. Observação: caso você queira colorir sua água, pingue algumas gotas de anilina numa jarra com água antes de colocar o líquido nas garrafas.

Na segunda garrafa, coloque dois dedos a menos de água e assim sucessivamente, colocando cada vez menos água até a última ter só um pouco. É a quantidade de água que altera o som ao percutir a garrafa. Bata com a varetinha nas garrafas e escute os diferentes sons.

Identifique os sons mais graves e os mais agudos.

Volume 1 - Iniciação musical • 35

Vamos cantar
💿 14 - "A barquinha"

A barquinha

Música infantil

A bar - qui - nha li - gei - ri - nha vo - ga vo - ga sem pa - rar.

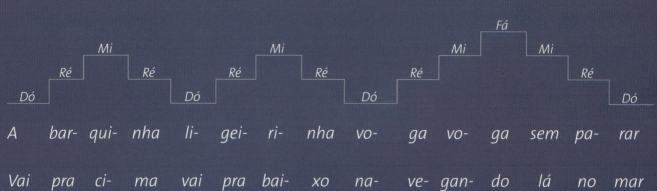

A   bar- qui- nha   li- gei- ri- nha vo-   ga   vo- ga   sem pa- rar
Vai pra   ci-   ma   vai pra   bai- xo   na-   ve- gan- do   lá   no   mar

36 • O mundo da música

Vamos cantar e tocar
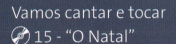 15 - "O Natal"

O Natal

Melodia "O bom Rei Venceslau".

*O Natal já vem chegando tra la la la la
E eu alegre vou cantando tra la la la la*

*O sininho faz assim
Plim plim plim pllim plim* } bis

Repetir acrescentando outros instrumentos rítmicos: tambor, coquinho e chocalho.

Vamos cantar e tocar
 16 - "Os sininhos"

Os sininhos

Melodia "Frère Jacques".

*São alegres, são alegres
Os sininhos, os sininhos
Que vão retinindo – bis
No Natal, no Natal*

Sugestão: cantar em cânone.

Volume 1 - Iniciação musical • 37

A AUTORA

Nereide Schilaro Santa Rosa

Pedagoga, arte-educadora e escritora especializada em Arte, já publicou cerca de 50 livros sobre esse tema em diferentes editoras desde 1990. Ganhou o Prêmio Jabuti, em 2004, com a coleção "A arte de olhar", e vários outros conferidos pela FNLIJ (Fundação Nacional do Livro Infantojuvenil). Atuou como professora e pedagoga na Prefeitura do Município de São Paulo, onde desenvolveu diferentes projetos educacionais sobre educação musical e artes plásticas. Pela Callis Editora, publicou *Arte popular na América Hispânica*; *Carlos Gomes*; *Monteiro Lobato*; *Santos-Dumont*; *Villa-Lobos*; *Volpi*; *A infância de Tatiana Belinky*; *Machado de Assis*; *Monteiro Lobato*; *Tarsila do Amaral* e *Papel e tinta*.

O ILUSTRADOR

Thiago Lopes

Paulistano nascido em 1987, Thiago Lopes Mateus é formado em Design Gráfico pelo Centro Universitário Belas Artes e pós-graduado em Design Editorial pelo Senac. Sua estreia na ilustração de livros infantis se deu pela Callis Editora em 2010, com o livro *Junta, separa e guarda*, de autoria de Vera Lúcia Dias. Além de ilustrar livros infantojuvenis, Thiago Lopes é sócio do Estúdio Kiwi, onde desenvolve ilustrações e projetos gráficos.

LISTA DAS GRAVAÇÕES DO CD
Volume 1

1 - Trecho de "O trenzinho do caipira" – H. Villa-Lobos
2 - Chocalhos
3 - "A loja do Mestre André" – folclore
4 - A cor do som – sensibilização
5 - "Nossa banda" – Nereide S. Santa Rosa
6 - "Quadrilha mirim" – autor desconhecido
7 - "Tão longe" – Nereide S. Santa Rosa
8 - "Primavera" – folclore
9 - Células sonoras famosas – sensibilização
10 - Trecho de "Pequena serenata noturna" – W. A. Mozart
11 - Tambor e coquinho
12 - Trecho de "A fuga do gato" – Domenico Scarlatti
13 - Xilofone
14 - "A barquinha" – Nereide S. Santa Rosa
15 - "O Natal" – Nereide S. Santa Rosa (letra)
16 - "Os sininhos" – Nereide S. Santa Rosa (letra)

FICHA TÉCNICA

Cantores populares: Sérgio Rufino e Vyvian Albouquerque
Violão: Cacau Santos
Percussão: Magno Bissoli
Tenor lírico: Rubens Medina
Piano: Maria Cecília Moita
Regência e produção musical: Hugo Ksenhuk

ORQUESTRA
Violinos: Luis Amatto (*spalla*), Heitor Fujinami, Liu Man Ying, Ricardo Bem Haja, Nadilson Gama, Liliana Chiriac, Paulo Caligopoulos e Alex Ximenes
Violas: Davi Rissi Caverni e Fabio Tagliaferri Sabino
Cellos: Robert Sueholtz e Meryielle Nogueira Maciente
Contrabaixo: Sérgio de Oliveira
Flauta: Marcelo Barboza
Oboé: Marcos Mincov
Clarinete: Domingos Elias
Fagote: Marcos Fokin
Trompete: Marcos Motta
Trompa: André Ficarelli
Trombone: Gilberto Gianelli
Percussão sinfônica: Sérgio Coutinho
Arranjos e programação de VSTs: Hugo Ksenhuk
Técnicos de gravação e mixagem: Ygor Andrade, Taian Cavalca, Hugo Silva e Thiago Baggio